So wunderbar sind Freunde

Texte und Illustrationen von Anja Günther

Der Pinguin sitzt auf einem Stein in seinem Gehege.
Heute fühlt er sich nicht so gut.
Er hat keine Lust sich zu bewegen, obwohl er sonst
gerne die anderen Tiere besucht.
Aber heute hat er ein wenig Bauchschmerzen.
Er fühlt sich müde und einsam, außerdem ist ihm kalt.
Was soll er nur mit diesem Tag anfangen?

Da kommt die Schildkröte vorbei.
„Spring auf!", sagt sie, „Ich nehme dich
ein Stück auf meinem Rücken mit."

Der Pinguin klettert den dicken Panzer hinauf.
Ihm gefällt es, wie sie gemütlich zusammen durch die
Landschaft ziehen. Nach einiger Zeit springt er ab
und bedankt sich bei der lieben Schildkröte.
Es geht ihm schon etwas besser.

Der kleine Pinguin spaziert weiter
und trifft auf das Chamäleon.
„Hallo kleiner Pinguin", sagt das Chamäleon,
„lange nicht mehr gesehen!
Du siehst ein bisschen müde aus."
Schwupp, da hat die lange Zunge schon
eine Fliege erwischt, die auf
dem Pinguin gelandet ist.
„Das kitzelt!", sagt er
und muss kichern.

Das Chamäleon freut sich und kitzelt ihn so lange weiter,
bis er sich vor Lachen den Bauch halten muss.
Beide sind fröhlich und der Pinguin bemerkt gar nicht,
dass seine Bauchschmerzen längst verschwunden sind.
„Das hat Spaß gemacht, liebes Chamäleon! Bis bald einmal!",
verabschiedet sich der Pinguin und schmunzelt.

Plötzlich sieht der kleine Pinguin einen Wirbelsturm
aus Blättern. „Was ist denn das?", fragt er sich
und geht langsam darauf zu.
„Töröö–hui!", hört er jemanden rufen,
dann erst sieht er ihn. Der große Elefant spielt
mit einem Blätterhaufen auf seiner Wiese.
„Hallo Pinguin! Hast du Lust auf eine Rutschpartie?
Halte dich an meinem Rüssel fest!"

Er zögert kurz,
doch dann hält er sich fest.
„Juhu!", ruft er voller Aufregung
als er durch die Luft fliegt.
Mit einem Freund zum Spielen
verfliegt die Einsamkeit im Nu.

Jetzt fängt es auch noch an zu regnen!
Dabei war der Tag doch gerade erst
etwas schöner geworden. Doch was ist das?
Der kleine Pinguin bleibt trocken.
Er hat nicht bemerkt, dass sich die Giraffe
schützend über ihn gestellt hat,
sodass ihn kein einziger Tropfen trifft.
Sie beugt sich zu ihm hinunter.
„Hallo kleiner Pinguin!", sagt sie freundlich.
„Ach, liebe Giraffe, habe ich ein Glück,
dass du gerade vorbeigekommen bist!"

Als der kleine Pinguin weitergeht,
hört er plötzlich ein lautes Schnarchen.
Da merkt er wieder, wie müde er doch ist.
Neugierig schaut er in die Bärenhöhle.

Der Bär blinzelt ihn an und sagt:
„Komm, mach mit mir
einen Mittagsschlaf.
Bei mir ist es schön warm."

Der Pinguin kuschelt sich
in das weiche Fell und nach
einem kurzen Schläfchen
ist er richtig ausgeruht.

Als es aufgehört hat zu regnen, geht der Pinguin weiter.
Da kommt ihm der Tapir entgegen.

Der Tapir freut sich so, den kleinen Pinguin zu sehen,
dass er ihm einen dicken Kuss auf die Wange gibt.
Da wird dem Pinguin auf einmal ganz warm.

Der Tapir sagt: „Ich hab dich einfach gern,
komm doch mal wieder zum Spielen vorbei."
Der Pinguin freut sich über die Einladung
und es geht ihm endlich gut.

Mutig geht er weiter. Da sieht er das Faultier.
Es hängt an seinem Lieblingsbaum
und sieht ganz zufrieden aus.

Der Pinguin fasst sich ein Herz und
fragt das Faultier: „Was machst du eigentlich,
wenn es dir mal nicht so gut geht?"

„Lass mich
kurz überlegen ..."

Es dauert eine Weile,
dann antwortet es:
„Erst einmal schlafe
ich eine Runde und dann?
Ach ja, und dann hat sich
mein Problem meistens
schon von alleine erledigt."

Der Pinguin runzelt erst die Stirn,
doch dann gefällt ihm der
gelassene Rat seines Freundes.

Als der kleine Pinguin
auf die große Tierwiese geht, sieht er,
dass alle seine Freunde schon auf ihn warten.
„Wie schön, dass es dir wieder gut geht!",
rufen sie zusammen. Der kleine Pinguin
ist ganz sprachlos und glücklich über
seine vielen Freunde.

Mit ihrer Hilfe ist der Tag richtig schön geworden.
Er jubelt über jeden einzelnen von ihnen
und freut sich schon auf den nächsten Tag.

Wie gut ist es doch, dass der Pinguin so viele Freunde
an seiner Seite hat. Wenn es ihm schlecht geht,
dann sind sie da. Gott wünscht sich auch für dich
so gute Freunde wie sie der Pinguin hat.
Und er freut sich, wenn du ihnen auch ein guter Freund bist.
Denn das ist ein wertvolles Geschenk.